Wie viele Knochen hatten Dinos?

Hatten Dinos Fingernägel?

Warum hatte Tyrannosaurus so kleine Vorderbeine?

Wie unterschieden sich Weibchen und Männchen?

Welche Geräusche machten Dinosaurier?

Wie alt wurde ein Dino?

Kann man erkennen, woran ein Dino gestorben ist?

Hatten Dinos Augenlider oder Wimpern?

Konnten Dinos schwimmen?

Sind alle Dinos ausgestorben?

Impressum

Aus der Reihe
„Was Kinder wissen wollen“
Velber Verlag
7. Auflage 2010

Illustrationen: Detlef Kersten
Coverfoto: Okapia/R.Pfortner/P. Arnold
Fotos: Czerkas (Henderson, Knight) (11, 43); Disney Enterprises (19, 37); Frey (39); Griencr (13, 15, 29); Hammond (25); Meins & Krabs/Wegner (45); Natural History Museum, London (7, 27, 33, 41); Okapia (Pfortner/Arnold, Lange, Fink) (23, 31, 35); Tucciarone (9); Urwelt-Museum Hauff (17, 21)

Text und Redaktion: Ulrike Berger
Layoutentwurf: Christoph von Herrath
Layout: Anja Schmidt
Druck und Bindung: Proost, Belgien

ISBN 978-3-86613-239-9

Hatten Dinos Karies?

Verblüffende Antworten über die Saurier

velber

Woher wissen wir, wie Dinos früher aussahen?

Wenn Tiere versteinern, verrotten alle weichen Teile des Körpers. Nur harte Dinge, zum Beispiel Knochen und Zähne, bleiben erhalten. Manchmal hinterlassen auch Haut oder Federn einen Abdruck im Boden. Das ist also alles, was wir von Dinosauriern finden können: versteinerte Skelettteile und Abdrücke. Hier beginnt die Nachbildung des Sauriers. Das kann Jahre dauern – und ist wie ein riesiges Puzzlespiel. Zunächst werden die Knochen zusammengebaut. Meist fehlen aber Knochen oder sie sind zerstört. Welcher Knochen gehört wohin? Die Wissenschaftler vergleichen die Dino-Knochen mit Knochen von Tieren heute. Wenn das Skelett zusammengebaut ist, überlegt man, wie wohl die Muskeln aussahen. An welchen Knochen waren sie angesetzt? Wie kräftig waren sie?

Oft nimmt man heute einen Computer zu Hilfe. Stück für Stück setzt sich so das Bild eines Dinos zusammen. Manchmal machen die Wissenschaftler dabei aber auch große Fehler und setzen die Teile falsch zusammen.

Wie groß waren Dinos?

Dinosaurier sind die größten Landtiere, die jemals auf dieser Erde lebten. Den Rekord hält Argentinosaurus. Über 100 Tonnen muss er gewogen haben. 30 Meter soll er von Kopf bis zur Schwanzspitze lang gewesen sein! Das ist so lang, wie neun Autos, die hintereinander stehen.
Der höchste Dinosaurier war Brachiosaurus. Sein Kopf erhob sich in 16 Meter Höhe. So konnte der Brachiosaurus Blätter der höchsten Bäume fressen. Heute könnte er bequem in den fünften Stock eines Hauses hineinschauen.
Zu den kleinsten Dinos gehörte Microceratops, ein Verwandter des Triceratops. Er wurde kaum so groß wie ein Huhn.

Übrigens:
Die schwersten Tiere, die je auf dieser Erde gelebt haben, kannst du heute noch sehen: Es sind die Blauwale! Sie werden zwar „nur" etwas über 30 Meter lang – aber wiegen bis zu 160 Tonnen! Das ist das Gewicht von fast 30 Elefanten.

Microceratops
und Brachiosaurus

Wer wäre schneller: Rennpferde oder Dinos?

Rennpferde rennen mit einer Geschwindigkeit von ungefähr 60 Stundenkilometern. Manche Dinosaurier waren da bestimmt schneller. Dromiceiomimus zum Beispiel rannte wohl wie der Vogel Strauß auf zwei Beinen – und erreichte damit Geschwindigkeiten von 65 und mehr Stundenkilometern. Wie finden die Wissenschaftler das heraus? Sie messen den Abstand zwischen den einzelnen Fußabdrücken und vergleichen diesen mit der Größe der Tiere. Im Computer kann man dann daraus die Geschwindigkeit errechnen.

Konnten Dinos fliegen?

Zur Zeit der Dinosaurier waren riesige Flugechsen die Herrscher der Lüfte. Das größte Tier, das sich je in die Luft erhob, war Quetzalcoatlus. Jeder einzelne Flügel war über sechs Meter lang! Damit war Quetzalcoatlus größer als jeder Drachenflieger. Flugechsen waren aber keine Dinosaurier und auch keine Vögel! Sie ähnelten unseren heutigen Fledermäusen: Sie hatten keine Federn, sondern Fell und ledrige Hautflügel.

Übrigens:
Lange Zeit dachte man, dass nur diese Flugechsen fliegen konnte. Aber in China wurden vor kurzer Zeit Aufsehen erregende Funde gemacht: Dinosaurier mit Federn! Daher geht man heute davon aus, dass es auch gefiederte kleine Dinosaurier gab, die flugfähig waren.

Quetzalcoatlus

Wie bekamen Dinos ihre Jungen?

Dinosaurier legten Eier! Bei vielen Dinos waren die Jungtiere bei der Geburt fast voll entwickelt und konnten wohl gleich losrennen. So ist das ja auch heute bei vielen Reptilien. Bei anderen Dinos wurden die geschlüpften Jungtiere von der Mutter versorgt, bis sie gelernt hatten, selbst Nahrung zu finden.

Übrigens:
Den Wissenschaftlern war lange unklar, ob die Dino-Mütter auf dem Nest saßen und die Eier ausbrüteten, so wie Vögel das tun. Die meisten Dinos gruben wahrscheinlich ihre Eier in den Sand ein. Sie überließen das Ausbrüten der Sonnenwärme, wie das heute die meisten Reptilien machen. Aber 1993 fand man in der Wüste Gobi einen versteinerten Oviraptor auf seinem Nest. Das war der Beweis dafür, dass manche Dinos auf den Eiern saßen und sie ausgebrütet haben.

Titanosaurus

Wer war größer: Fleischfresser oder Pflanzenfresser?

Der Fleischfresser Tyrannosaurus Rex war ein Furcht erregender, großer Dinosaurier. Aber einige Pflanzenfresser waren deutlich größer. Die größten Tiere, die je auf dieser Erde gelebt haben, waren die pflanzenfressenden Sauropoden. Zum Beispiel Argentinosaurus, der 30 Meter lang war und 100 Tonnen wog. Das ist das Gewicht einer ganzen, über 20-köpfigen Elefantenherde! Damit war er wohl zehnmal schwerer als der größte Fleischfresser.

Übrigens:
Es gab deutlich mehr friedliche pflanzenfressende Dinos als Fleischfresser. Zwei Drittel aller Dinos haben sich vegetarisch ernährt.

Jguanodon mit
aufspringendem Deinonychus

Wie lange gab es Dinos?

Die Zeit, in der Dinosaurier auf dieser Erde lebten, dauerte sehr, sehr lange. Die ersten Dinos tauchten wohl vor ungefähr 270 Millionen Jahren auf. Die letzten Dinos starben vor 65 Millionen Jahren.
Insgesamt wanderten Dinos also über 200 Millionen Jahre lang über die Erde. Keine anderen Lebewesen haben je so lange auf dieser Erde gelebt!
Im Vergleich dazu ist die Zeit, die wir Menschen bereits auf dieser Erde leben, nicht mehr als ein kurzer Schluckauf: gerade einmal die letzten zwei Millionen Jahre.

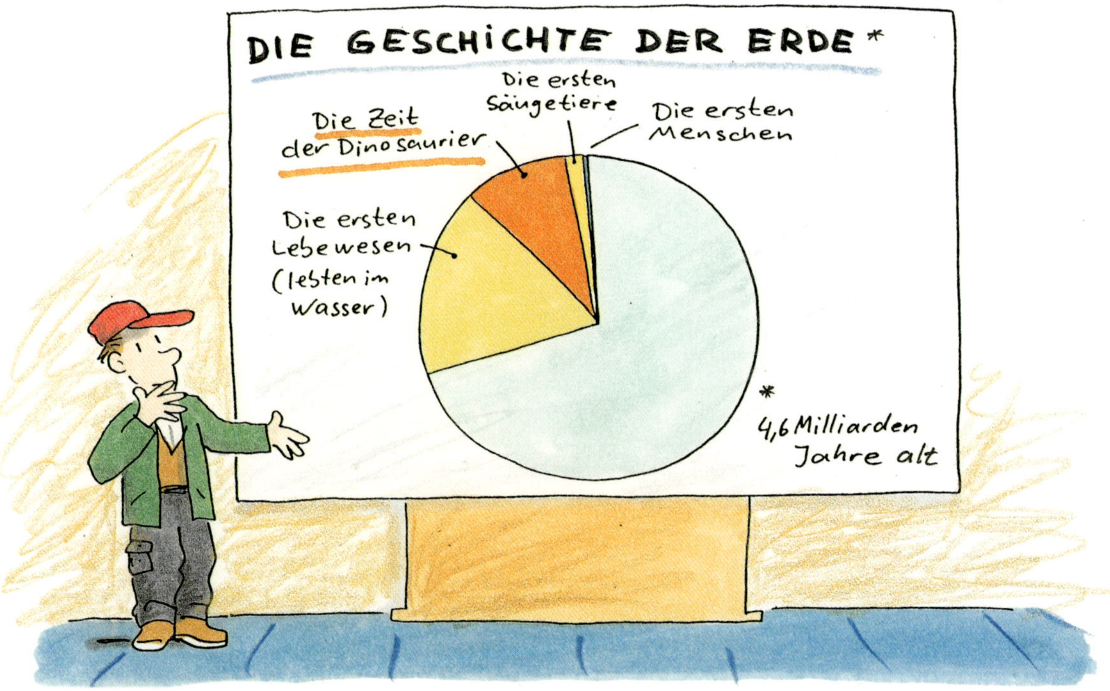

Wozu brauchte Stegosaurus die Rückenplatten?

Auf seinem Rücken hat der Stegosaurier zwei Reihen von 60 Zentimeter hohen Hornplatten. Furcht erregend sahen sie aus, aber als Waffe waren sie wohl nicht zu gebrauchen. Denn sie waren voll mit Blutgefäßen. Bei einem Kampf wäre bestimmt jeder Stoß damit sehr schmerzhaft – und auch blutig – gewesen. Stegosaurus-Männchen versuchten mit diesen Platten wahrscheinlich ihre Weibchen zu beeindrucken.

Außerdem wirkten diese Hornplatten wohl wie eine riesige Klimaanlage. Wenn es Stegosaurus kalt war, drehte er sich mit der Seite zur Sonne. Die Sonne wärmte dann die Platten auf. Und das aufgewärmte Blut floss durch den Körper. Sobald es Stegosaurus zu warm wurde, drehte er seinen Rücken zur Sonne. Die Platten verloren dann schnell Wärme an die Umgebung – und dem Dino wurde es wieder kühler.

Stegosaurus

Hatten Dinos Karies?

Wenn du einen Dino-Schädel genauer betrachtest, fällt dir vielleicht eines auf: Die Zähne sind alle unterschiedlich lang. Der Grund ist folgender: Manchmal brachen die Zähne bei einem besonders kräftigen Biss ab. Gerade bei den Dinosauriern, die Fleisch fraßen, passierte das häufiger. Aber für Dinos war das kein Problem: Die ausgefallenen Zähne wuchsen einfach wieder nach!

Kürzere Zähne sind also jünger, längere Zähne älter. Wie oft ausgefallene Zähne nachwachsen konnten, weiß man aber nicht sicher. Man vermutet, dass sie wie bei Krokodilen heute das ganze Leben lang nachwuchsen. Karies allerdings, das, was Löcher in deine Zähne macht, kannten Dinos bestimmt nicht. Denn Karies wird durch Zucker verursacht – und Dinos fraßen keine Süßigkeiten …

Tyrannosaurus Rex

Welche Farbe hatten Dinos?

Niemand weiß sicher, welche Farbe die Dinos wirklich hatten. Denn die Farbe eines Tieres verschwindet nach seinem Tod sehr schnell und die Haut bleicht aus. Außerdem bleibt Haut bei Versteinerung nicht erhalten.
Die Farben, die Dinos in Filmen oder auf Zeichnungen haben, sind also reine Fantasie: Man schaut sich Reptilien heute an und denkt sich, dass die Dinos wohl ähnlich aussahen. Dinos, die in Herden lebten, hatten vielleicht Streifen wie Zebras, damit sie nicht so schnell entdeckt werden konnten. Oder einen leuchtend gelben Blitz auf dem Rücken wie unser Feuersalamander, um andere Tiere zu warnen?
Du darfst dir einen Tyrannosaurus also gerne rot mit gelben Streifen vorstellen. Wahrscheinlich hatte er aber eher eine unauffälligere Farbe. Denn er war ein Jäger und wollte sicherlich nicht gerne gesehen werden.

Compsognathus

Wie viele Knochen hatten Dinos?

Die Anzahl der Knochen war bei den meisten Dinosauriern ziemlich ähnlich – wenn man spezielle Knochen, zum Beispiel die Panzerknochen, weglässt. Die Schwänze bestanden aber aus unterschiedlich vielen Knochen. Die meisten Dinos hatten ungefähr 40 bis 45 Schwanzwirbel. Insgesamt hatten Dinos, egal welcher Größe, ungefähr 230 verschiedene Knochen.

Übrigens:
Der Mensch ist aus 208 bis 214 Knochen (je nachdem, wie stark sie verwachsen sind) gebaut. Die Hälfte dieser Knochen befindet sich in den Händen und Füßen.

Lufengosaurus

Hatten Dinos Fingernägel?

Nägel bestehen – genau wie Krallen – aus toten Hautzellen, die ganz fest zusammengewachsen sind. „Horn“ nennt man das. Sie wachsen nur auf der Oberseite des vordersten Fingerknochens. Bei Krallen ist dieser vorderste Knochen immer ganz von Horn umwachsen.
Dinos hatten keine Nägel, sondern Krallen. Woher man das weiß? Bei Versteinerungen bleibt manchmal Horn erhalten!

Man hat auch Abdrücke von Dinokrallen gefunden. Daran kann man genau abmessen, wie lange solche Krallen gewesen sind.
Die Krallen von Deinonychus, das heißt „schreckliche Hand“, waren 20 bis 30 Zentimeter lang!

Deinonychos

Warum hatte Tyrannosaurus so kleine Vorderbeine?

Mit zwölf bis 15 Metern Länge, sechs Metern Höhe und sieben Tonnen Gewicht (das ist mehr als ein ausgewachsener Elefant!) gehörte Tyrannosaurus Rex zu den größten Fleischfressern, die je auf unserer Erde gelebt haben. Eine Zeit lang dachte man, Tyrannosaurus könnte sich nur von toten Tieren ernährt haben. Die kleinen Arme waren nämlich viel zu klein, um Beute zu greifen, und so kurz, dass sie nicht einmal bis zu seinem Maul reichten.
Heute geht man davon aus, dass Tyrannosaurus auf seinen zwei Beinen eine Geschwindigkeit von 40 Stundenkilometern erreichen konnte. Und dass er Pflanzen fressende Dinosaurier jagte. Er fing die Beute mit seinem riesigen Maul und zerriss sie.
Dennoch waren die kleinen Arme lebensnotwendig. Wozu Tyrannosaurus sie brauchte, das kannst du leicht ausprobieren: Lege dich auf den Bauch und verschränke die Arme nach hinten. Und jetzt versuche aufzustehen. Das geht nicht! Aber wenn du deine Ellenbogen mit benutzen kannst, dann geht es. Und dafür brauchte wohl auch Tyrannosaurus seine kurzen Arme.

Tyrannosaurus Rex

Wie unterschieden sich Weibchen und Männchen?

Wenn Forscher ein Dino-Fossil ausgraben, können sie kaum feststellen, ob das Tier männlich oder weiblich war. Bei manchen Dino-Arten waren Männchen und Weibchen wohl verschieden gefärbt, so wie das auch heute bei vielen Tieren ist. Aber Farben sind bei Dino-Fossilien nicht erhalten geblieben.
Wissenschaftler gehen auch davon aus, dass Männchen und Weibchen bei Dinosauriern verschieden groß waren, denn so ist es auch heute bei den meisten Tieren. Aber wer war größer, Männchen oder Weibchen?

Übrigens:
Bei Tyrannosaurus hat man inzwischen einen Unterschied am Skelett gefunden: Die Schwanzwirbelsäule bei den Weibchen hat am Anfang kürzere Knochen, damit die Eier bei der Eiabalage besser daran vorbeigleiten können.

Welche Geräusche machten Dinosaurier?

Ob die Dinos wohl die ganze Zeit röhrend durch die Wälder wanderten? Oder pfiffen sie vielleicht wie Vögel? Wir können leider nur Knochenfunde von damals mit Tieren von heute vergleichen, die ähnliche Schädel haben.
Dinos hatten zum Beispiel gute Ohren. Das kann man durch Skelettfunde feststellen. Also geht man davon aus, dass sie sich über Geräusche verständigen konnten. Man vermutet, dass sie wie Reptilien zischen oder grunzen konnten.

Bei Entenschnabel-Dinosauriern hat man eine interessante Entdeckung gemacht: Manche von ihnen hatten „musikalische Köpfe“. Ihre Hörner und Schädeldecken waren hohl – fast wie Trompetenrohre. Viele Wissenschaftler glauben, dass diese Dinosaurier, wenn sie durch die Nase geblasen haben, ein Geräusch erzeugen konnten, das wie ein lautes Nebelhorn klang. Das war wahrscheinlich als Warnung an andere Dinos gedacht – und als Abschreckung, wenn Feinde angriffen.

Parasaurolophus

Wie alt wurde ein Dino?

Wenn man die Zähne und Knochen von Dinos genau untersucht, kann man feststellen, dass sie sehr schnell wuchsen. Dinos brauchten wohl nur fünf bis zehn Jahre, um zur vollen Größe heranzuwachsen.

Danach lebten sie vermutlich weitere 30 bis 40 Jahre, wie es bei vielen großen Reptilien auch der Fall ist. Die ganz großen Dinos, zum Beispiel Brachiosaurus, könnten sogar über 100 Jahre alt geworden sein.

Kann man erkennen, woran ein Dino gestorben ist?

Wenn man ein Dinoskelett findet, ist es selten möglich zu erkennen, woran das Tier gestorben ist. Wenn es krank war, so erkennt man diese Krankheit an den Knochen nicht mehr. Auch Ertrinken hätte keine Spuren an den Knochen hinterlassen. Manchmal findet man Verletzungen an Knochen oder Biss-Spuren. Man kann leider kaum feststellen, ob der Dino an diesen Verletzungen gestorben ist. Oder ob ihm die Verletzungen erst zugefügt wurden, als er bereits tot war. Einzelne Fälle sind aber bekannt, in denen die Todesursache eindeutig ist. In der Mongolei hat man zum Beispiel eine Gruppe Dinos entdeckt, die alle von einem Sandsturm zugeschüttet wurden!

Hatten Dinos Augenlider oder Wimpern?

Wimpern sind Haare. Da Dinos keine Haare hatten, kann man sicher davon ausgehen, dass sie auch keine Wimpern hatten. Allerdings könnten manche von den kürzlich entdeckten gefiederten Raubsauriern wimpernähnliche Federn gehabt haben!
Augenlider bestehen aus Haut und bleiben daher in Fossilien nicht erhalten. Also sind wir wieder auf Vergleiche mit den heutigen Tieren angewiesen: Augenlider, mit denen man blinzeln kann, die man zukneifen und fest verschließen kann, besitzen nur Säugetiere.
Manche Reptilien haben eine dünne Haut, die von vorne über den Augapfel wischt – nicht von oben nach unten wie bei uns. Andere Reptilien können ihre Augen richtig schließen, aber eher mit einer Klappe als mit einem sich faltenden Lid.
Dinos hatten wohl ähnliche Augenlider wie Reptilien heute.

Troodon

Konnten Dinos schwimmen?

Manche Dinosaurier waren sicher in der Lage zu schwimmen. Doch kein Dinosaurier lebte immer im Wasser! Es gab damals aber viele Reptilien, also Verwandte der Dinosaurier, die im Wasser zu Hause waren. Sie stammten von Reptilien ab, die ursprünglich einmal an Land gelebt hatten. Deswegen hatten sie Lungen und mussten zum Atmen an die Oberfläche kommen.

Es gab zwei große Gruppen: Plesiosaurier, die Flossenechsen, und Ichthyosaurier, die Fischsaurier. Plesiosaurier hatten eher Unterwasserflügel als Flossen. Zu dieser Gruppe gehört zum Beispiel Elasmosaurus. Er hatte einen langen Hals mit einem kleinen Kopf.
Die Fischsaurier hatten richtige Schwanzflossen. Sie sahen unseren heutigen Delfinen sehr ähnlich.

Elasmosaurier

Sind alle Dinos ausgestorben?

Die große Katastrophe, die zu dem Massensterben der Tiere am Ende der Kreidezeit führte, hat leider kein Dinosaurier überlebt.
Aber es gibt heute noch Tiere, die bereits zu der Zeit lebten, als die Dinos die Erde beherrschten: Krokodile und Schildkröten zum Beispiel und so manche Echse. Sie haben sich seither kaum verändert. Warum haben diese Tiere überlebt? Das war wahrscheinlich Zufall.
Der Großteil der Tierarten starb am Ende der Kreidezeit aus: alle Saurier, fast alle Reptilien, viele Säugetiere und Fische. Nur ein paar wenige Tierarten haben überlebt.

Übrigens:
Nachfahren der Dinosaurier kannst du heute durch die Lüfte fliegen sehen: Vögel!
Die Federn hatten sich schon früh entwickelt: Ein Federkleid wärmte sehr gut. Die Fähigkeit zum Fliegen kam erst später dazu.

Riesengürtelschweif

In der Reihe „Was Kinder wissen wollen"
sind bereits folgende Titel erschienen:

Was wäscht der Waschbär?
Verblüffende Antworten
aus der Tierwelt

ISBN 978-3-86613-072-2

**Woher kommen
Blitz und Donner?**
Verblüffende Antworten
über Himmel und Erde

ISBN 978-3-86613-073-9

**Warum haben wir
zehn Zehen?**
Verblüffende Antworten
über den Körper

ISBN 978-3-86613-200-9

**Wie kommen die Streifen
in die Zahnpasta?**
Verblüffende Antworten
aus dem Alltag

ISBN 978-3-86613-201-6

Hatten Dinos Karies?

Verblüffende Antworten
über die Saurier

ISBN 978-3-86613-239-9

**Woher weiß der Toast,
wann er fertig ist?**
Verblüffende Antworten
aus dem Alltag

ISBN 978-3-86613-240-5

**Wie viele Höcker
hat ein Kamel?**
Verblüffende Antworten
aus der Tierwelt

ISBN 978-3-86613-256-6

Wie spült die Klospülung?

Verblüffende Antworten
über Technik

ISBN 978-3-86613-257-3

**Können Schmetterlinge
hören?**
Verblüffende Antworten
über kleine Tiere

ISBN 978-3-86613-227-6

Was spuckt ein Vulkan?

Verblüffende Antworten
über Naturgewalten

ISBN 978-3-86613-228-3

**Wo ist im Weltalll
oben und unten?**
Verblüffende Antworten
über den Kosmos

ISBN 978-3-86613-237-5

**Welche Pflanzen
haben Zähne?**
Verblüffende Antworten
über Pflanzen

ISBN 978-3-86613-610-6

**Wie kommt der Ritter
in die Rüstung?**
Verblüffende Antworten
über das Mittelalter

ISBN 978-3-86613-270-2

**Wie macht die Kuh
die Milch?**
Verblüffende Antworten
über den Bauernhof

ISBN 978-3-86613-269-6

Können Fische rülpsen?

Verblüffende Antworten
über das Meer

ISBN 978-3-86613-282-5

**Warum hat
ein Bagger Zähne?**
Verblüffende Antworten
über Baustellen

ISBN 978-3-86613-283-2

Warum stinkt der Käse?

Verblüffende Antworten
über Essen und Trinken

ISBN 978-3-86613-293-1

**Warum tragen
Indianer Federn?**
Verblüffende Antworten
über Indianer

ISBN 978-3-86613-294-8

**Wann darf der Lokführer
aufs Klo?**
Verblüffende Antworten
über die Bahn

ISBN 978-3-86613-524-6

**Wo beginnt
der Regenbogen?**
Verblüffende Antworten
über Himmel und Erde

ISBN 978-3-86613-507-9

**Wie schnell ist
die Feuerwehr?**
Verblüffende Antworten
über die Feuerwehr

ISBN 978-3-86613-523-9

**Frieren Pinguine
an den Füßen?**
Verblüffende Antworten
über Eis und Schnee

ISBN 978-3-86613-525-3

**Wie kommt der Fisch
in die Stäbchen?**
Verblüffende Antworten
aus dem Alltag

ISBN 978-3-86613-533-8